I0766513

@ JOURNALS AND NOTEBOOKS

@ Journals & Notebooks

Copyright 2016

Date : _______________

mon tue wed thu fri sat sun

Meal :

☐ _______________________________________
☐ _______________________________________
☐ _______________________________________
☐ _______________________________________
☐ _______________________________________
☐ _______________________________________
☐ _______________________________________
☐ _______________________________________

Date : _______________

mon tue wed thu fri sat sun

Meal :

☐ _______________________________________
☐ _______________________________________
☐ _______________________________________
☐ _______________________________________
☐ _______________________________________
☐ _______________________________________
☐ _______________________________________
☐ _______________________________________

Date : _____________

mon tue wed thu fri sat sun

Meal :

- [ ]
- [ ]
- [ ]
- [ ]
- [ ]
- [ ]
- [ ]
- [ ]

Date : _____________

mon tue wed thu fri sat sun

Meal :

- [ ]
- [ ]
- [ ]
- [ ]
- [ ]
- [ ]
- [ ]
- [ ]

Date : ______________

mon tue wed thu fri sat sun

Meal :

- [ ]
- [ ]
- [ ]
- [ ]
- [ ]
- [ ]
- [ ]
- [ ]

Date : ______________

mon tue wed thu fri sat sun

Meal :

- [ ]
- [ ]
- [ ]
- [ ]
- [ ]
- [ ]
- [ ]
- [ ]

Date : _____________

mon tue wed thu fri sat sun

Meal :

- [ ]
- [ ]
- [ ]
- [ ]
- [ ]
- [ ]
- [ ]
- [ ]

Date : _____________

mon tue wed thu fri sat sun

Meal :

- [ ]
- [ ]
- [ ]
- [ ]
- [ ]
- [ ]
- [ ]
- [ ]

Date : _______________

mon tue wed thu fri sat sun

Meal :

- [ ] ___________________________
- [ ] ___________________________
- [ ] ___________________________
- [ ] ___________________________
- [ ] ___________________________
- [ ] ___________________________
- [ ] ___________________________
- [ ] ___________________________

Date : _______________

mon tue wed thu fri sat sun

Meal :

- [ ] ___________________________
- [ ] ___________________________
- [ ] ___________________________
- [ ] ___________________________
- [ ] ___________________________
- [ ] ___________________________
- [ ] ___________________________
- [ ] ___________________________

Date : ___________

mon tue wed thu fri sat sun

Meal :

- [ ]
- [ ]
- [ ]
- [ ]
- [ ]
- [ ]
- [ ]
- [ ]

Date : ___________

mon tue wed thu fri sat sun

Meal :

- [ ]
- [ ]
- [ ]
- [ ]
- [ ]
- [ ]
- [ ]
- [ ]

Date : _____________

mon tue wed thu fri sat sun

Meal :

- [ ]
- [ ]
- [ ]
- [ ]
- [ ]
- [ ]
- [ ]
- [ ]

Date : _____________

mon tue wed thu fri sat sun

Meal :

- [ ]
- [ ]
- [ ]
- [ ]
- [ ]
- [ ]
- [ ]
- [ ]

Date : _______________

mon tue wed thu fri sat sun

Meal :

☐ _______________
☐ _______________
☐ _______________
☐ _______________
☐ _______________
☐ _______________
☐ _______________
☐ _______________

Date : _______________

mon tue wed thu fri sat sun

Meal :

☐ _______________
☐ _______________
☐ _______________
☐ _______________
☐ _______________
☐ _______________
☐ _______________
☐ _______________

Date : _______________

mon tue wed thu fri sat sun

Meal :

- [ ] _______________________________
- [ ] _______________________________
- [ ] _______________________________
- [ ] _______________________________
- [ ] _______________________________
- [ ] _______________________________
- [ ] _______________________________
- [ ] _______________________________

Date : _______________

mon tue wed thu fri sat sun

Meal :

- [ ] _______________________________
- [ ] _______________________________
- [ ] _______________________________
- [ ] _______________________________
- [ ] _______________________________
- [ ] _______________________________
- [ ] _______________________________
- [ ] _______________________________

Date : _______________

mon tue wed thu fri sat sun

Meal :

- [ ]
- [ ]
- [ ]
- [ ]
- [ ]
- [ ]
- [ ]
- [ ]

Date : _______________

mon tue wed thu fri sat sun

Meal :

- [ ]
- [ ]
- [ ]
- [ ]
- [ ]
- [ ]
- [ ]
- [ ]

Date : ________________

mon tue wed thu fri sat sun

Meal :

- [ ]
- [ ]
- [ ]
- [ ]
- [ ]
- [ ]
- [ ]
- [ ]

Date : ________________

mon tue wed thu fri sat sun

Meal :

- [ ]
- [ ]
- [ ]
- [ ]
- [ ]
- [ ]
- [ ]
- [ ]

Date : _______________

mon tue wed thu fri sat sun

Meal :

- [ ]
- [ ]
- [ ]
- [ ]
- [ ]
- [ ]
- [ ]
- [ ]

Date : _______________

mon tue wed thu fri sat sun

Meal :

- [ ]
- [ ]
- [ ]
- [ ]
- [ ]
- [ ]
- [ ]
- [ ]

Date : _____________

mon tue wed thu fri sat sun

Meal :

Date : _____________

mon tue wed thu fri sat sun

Meal :

Date : _______________

mon tue wed thu fri sat sun

Meal :

☐ _______________________________________
☐ _______________________________________
☐ _______________________________________
☐ _______________________________________
☐ _______________________________________
☐ _______________________________________
☐ _______________________________________
☐ _______________________________________

Date : _______________

mon tue wed thu fri sat sun

Meal :

☐ _______________________________________
☐ _______________________________________
☐ _______________________________________
☐ _______________________________________
☐ _______________________________________
☐ _______________________________________
☐ _______________________________________
☐ _______________________________________

Date : _______________

mon tue wed thu fri sat sun

Meal :

- [ ]
- [ ]
- [ ]
- [ ]
- [ ]
- [ ]
- [ ]
- [ ]

Date : _______________

mon tue wed thu fri sat sun

Meal :

- [ ]
- [ ]
- [ ]
- [ ]
- [ ]
- [ ]
- [ ]
- [ ]

Date : _______________

mon tue wed thu fri sat sun

Meal :

☐ _________________________________
☐ _________________________________
☐ _________________________________
☐ _________________________________
☐ _________________________________
☐ _________________________________
☐ _________________________________
☐ _________________________________

Date : _______________

mon tue wed thu fri sat sun

Meal :

☐ _________________________________
☐ _________________________________
☐ _________________________________
☐ _________________________________
☐ _________________________________
☐ _________________________________
☐ _________________________________
☐ _________________________________

Date : _______________

mon tue wed thu fri sat sun

Meal :

- [ ] ______________________________________
- [ ] ______________________________________
- [ ] ______________________________________
- [ ] ______________________________________
- [ ] ______________________________________
- [ ] ______________________________________
- [ ] ______________________________________
- [ ] ______________________________________

Date : _______________

mon tue wed thu fri sat sun

Meal :

- [ ] ______________________________________
- [ ] ______________________________________
- [ ] ______________________________________
- [ ] ______________________________________
- [ ] ______________________________________
- [ ] ______________________________________
- [ ] ______________________________________
- [ ] ______________________________________

Date : _____________

mon tue wed thu fri sat sun

Meal :

- [ ]
- [ ]
- [ ]
- [ ]
- [ ]
- [ ]
- [ ]
- [ ]

Date : _____________

mon tue wed thu fri sat sun

Meal :

- [ ]
- [ ]
- [ ]
- [ ]
- [ ]
- [ ]
- [ ]
- [ ]

Date : _______________

mon tue wed thu fri sat sun

Meal :

- [ ]
- [ ]
- [ ]
- [ ]
- [ ]
- [ ]
- [ ]
- [ ]

Date : _______________

mon tue wed thu fri sat sun

Meal :

- [ ]
- [ ]
- [ ]
- [ ]
- [ ]
- [ ]
- [ ]
- [ ]

Date : _______________

mon tue wed thu fri sat sun

Meal :

- [ ] ______________________
- [ ] ______________________
- [ ] ______________________
- [ ] ______________________
- [ ] ______________________
- [ ] ______________________
- [ ] ______________________
- [ ] ______________________

Date : _______________

mon tue wed thu fri sat sun

Meal :

- [ ] ______________________
- [ ] ______________________
- [ ] ______________________
- [ ] ______________________
- [ ] ______________________
- [ ] ______________________
- [ ] ______________________
- [ ] ______________________

Date : _______________

mon tue wed thu fri sat sun

Meal :

- [ ]
- [ ]
- [ ]
- [ ]
- [ ]
- [ ]
- [ ]
- [ ]

Date : _______________

mon tue wed thu fri sat sun

Meal :

- [ ]
- [ ]
- [ ]
- [ ]
- [ ]
- [ ]
- [ ]
- [ ]

Date : _______________

mon tue wed thu fri sat sun

Meal :

- [ ]
- [ ]
- [ ]
- [ ]
- [ ]
- [ ]
- [ ]
- [ ]

Date : _______________

mon tue wed thu fri sat sun

Meal :

- [ ]
- [ ]
- [ ]
- [ ]
- [ ]
- [ ]
- [ ]
- [ ]

Date : ________________

mon tue wed thu fri sat sun

Meal :

☐ _______________________________
☐ _______________________________
☐ _______________________________
☐ _______________________________
☐ _______________________________
☐ _______________________________
☐ _______________________________
☐ _______________________________

Date : ________________

mon tue wed thu fri sat sun

Meal :

☐ _______________________________
☐ _______________________________
☐ _______________________________
☐ _______________________________
☐ _______________________________
☐ _______________________________
☐ _______________________________
☐ _______________________________

Date : _____________

mon tue wed thu fri sat sun

Meal :

- [ ]
- [ ]
- [ ]
- [ ]
- [ ]
- [ ]
- [ ]
- [ ]

Date : _____________

mon tue wed thu fri sat sun

Meal :

- [ ]
- [ ]
- [ ]
- [ ]
- [ ]
- [ ]
- [ ]
- [ ]

Date : _______________

mon tue wed thu fri sat sun

Meal :

- [ ] _______________________________________
- [ ] _______________________________________
- [ ] _______________________________________
- [ ] _______________________________________
- [ ] _______________________________________
- [ ] _______________________________________
- [ ] _______________________________________
- [ ] _______________________________________

Date : _______________

mon tue wed thu fri sat sun

Meal :

- [ ] _______________________________________
- [ ] _______________________________________
- [ ] _______________________________________
- [ ] _______________________________________
- [ ] _______________________________________
- [ ] _______________________________________
- [ ] _______________________________________
- [ ] _______________________________________

Date : _______________

mon tue wed thu fri sat sun

Meal :

- [ ]
- [ ]
- [ ]
- [ ]
- [ ]
- [ ]
- [ ]
- [ ]

Date : _______________

mon tue wed thu fri sat sun

Meal :

- [ ]
- [ ]
- [ ]
- [ ]
- [ ]
- [ ]
- [ ]
- [ ]

Date : ___________

mon tue wed thu fri sat sun

Meal :

- [ ] _______________________
- [ ] _______________________
- [ ] _______________________
- [ ] _______________________
- [ ] _______________________
- [ ] _______________________
- [ ] _______________________
- [ ] _______________________

Date : ___________

mon tue wed thu fri sat sun

Meal :

- [ ] _______________________
- [ ] _______________________
- [ ] _______________________
- [ ] _______________________
- [ ] _______________________
- [ ] _______________________
- [ ] _______________________
- [ ] _______________________

Date : _______________

mon tue wed thu fri sat sun

Meal :

- [ ]
- [ ]
- [ ]
- [ ]
- [ ]
- [ ]
- [ ]
- [ ]

Date : _______________

mon tue wed thu fri sat sun

Meal :

- [ ]
- [ ]
- [ ]
- [ ]
- [ ]
- [ ]
- [ ]
- [ ]

Date : _______________

mon tue wed thu fri sat sun

Meal :

☐ _______________________________
☐ _______________________________
☐ _______________________________
☐ _______________________________
☐ _______________________________
☐ _______________________________
☐ _______________________________
☐ _______________________________

Date : _______________

mon tue wed thu fri sat sun

Meal :

☐ _______________________________
☐ _______________________________
☐ _______________________________
☐ _______________________________
☐ _______________________________
☐ _______________________________
☐ _______________________________
☐ _______________________________

Date : _____________

mon tue wed thu fri sat sun

Meal :

- [ ]
- [ ]
- [ ]
- [ ]
- [ ]
- [ ]
- [ ]
- [ ]

Date : _____________

mon tue wed thu fri sat sun

Meal :

- [ ]
- [ ]
- [ ]
- [ ]
- [ ]
- [ ]
- [ ]
- [ ]

Date : _______________

mon tue wed thu fri sat sun

Meal :

- [ ] ___________________________
- [ ] ___________________________
- [ ] ___________________________
- [ ] ___________________________
- [ ] ___________________________
- [ ] ___________________________
- [ ] ___________________________
- [ ] ___________________________

Date : _______________

mon tue wed thu fri sat sun

Meal :

- [ ] ___________________________
- [ ] ___________________________
- [ ] ___________________________
- [ ] ___________________________
- [ ] ___________________________
- [ ] ___________________________
- [ ] ___________________________
- [ ] ___________________________

Date : ________________

mon tue wed thu fri sat sun

Meal :

- [ ] ______________________________
- [ ] ______________________________
- [ ] ______________________________
- [ ] ______________________________
- [ ] ______________________________
- [ ] ______________________________
- [ ] ______________________________
- [ ] ______________________________

Date : ________________

mon tue wed thu fri sat sun

Meal :

- [ ] ______________________________
- [ ] ______________________________
- [ ] ______________________________
- [ ] ______________________________
- [ ] ______________________________
- [ ] ______________________________
- [ ] ______________________________
- [ ] ______________________________

Date : _______________

mon tue wed thu fri sat sun

Meal :

- [ ]
- [ ]
- [ ]
- [ ]
- [ ]
- [ ]
- [ ]
- [ ]

Date : _______________

mon tue wed thu fri sat sun

Meal :

- [ ]
- [ ]
- [ ]
- [ ]
- [ ]
- [ ]
- [ ]
- [ ]

Date : _____________

mon tue wed thu fri sat sun

Meal :

- [ ]
- [ ]
- [ ]
- [ ]
- [ ]
- [ ]
- [ ]
- [ ]

Date : _____________

mon tue wed thu fri sat sun

Meal :

- [ ]
- [ ]
- [ ]
- [ ]
- [ ]
- [ ]
- [ ]
- [ ]

Date : ______________

mon tue wed thu fri sat sun

Meal :

- [ ]
- [ ]
- [ ]
- [ ]
- [ ]
- [ ]
- [ ]
- [ ]

Date : ______________

mon tue wed thu fri sat sun

Meal :

- [ ]
- [ ]
- [ ]
- [ ]
- [ ]
- [ ]
- [ ]
- [ ]

Date : _______________

mon tue wed thu fri sat sun

Meal :

- [ ] _______________________________
- [ ] _______________________________
- [ ] _______________________________
- [ ] _______________________________
- [ ] _______________________________
- [ ] _______________________________
- [ ] _______________________________
- [ ] _______________________________

Date : _______________

mon tue wed thu fri sat sun

Meal :

- [ ] _______________________________
- [ ] _______________________________
- [ ] _______________________________
- [ ] _______________________________
- [ ] _______________________________
- [ ] _______________________________
- [ ] _______________________________
- [ ] _______________________________

Date : ______________

mon tue wed thu fri sat sun

Meal :

- [ ]
- [ ]
- [ ]
- [ ]
- [ ]
- [ ]
- [ ]
- [ ]

Date : ______________

mon tue wed thu fri sat sun

Meal :

- [ ]
- [ ]
- [ ]
- [ ]
- [ ]
- [ ]
- [ ]
- [ ]

Date : ________________

mon tue wed thu fri sat sun

Meal :

- [ ]
- [ ]
- [ ]
- [ ]
- [ ]
- [ ]
- [ ]
- [ ]

Date : ________________

mon tue wed thu fri sat sun

Meal :

- [ ]
- [ ]
- [ ]
- [ ]
- [ ]
- [ ]
- [ ]
- [ ]

Date : _______________

mon tue wed thu fri sat sun

Meal :

Date : _______________

mon tue wed thu fri sat sun

Meal :

Date : _______________

mon tue wed thu fri sat sun

Meal :

- ☐ _______________________________________
- ☐ _______________________________________
- ☐ _______________________________________
- ☐ _______________________________________
- ☐ _______________________________________
- ☐ _______________________________________
- ☐ _______________________________________
- ☐ _______________________________________

Date : _______________

mon tue wed thu fri sat sun

Meal :

- ☐ _______________________________________
- ☐ _______________________________________
- ☐ _______________________________________
- ☐ _______________________________________
- ☐ _______________________________________
- ☐ _______________________________________
- ☐ _______________________________________
- ☐ _______________________________________

Date : _______________

mon tue wed thu fri sat sun

Meal :

- [ ]
- [ ]
- [ ]
- [ ]
- [ ]
- [ ]
- [ ]
- [ ]

Date : _______________

mon tue wed thu fri sat sun

Meal :

- [ ]
- [ ]
- [ ]
- [ ]
- [ ]
- [ ]
- [ ]
- [ ]

Date : _______________

mon tue wed thu fri sat sun

Meal :

- ☐ _______________________________
- ☐ _______________________________
- ☐ _______________________________
- ☐ _______________________________
- ☐ _______________________________
- ☐ _______________________________
- ☐ _______________________________
- ☐ _______________________________

Date : _______________

mon tue wed thu fri sat sun

Meal :

- ☐ _______________________________
- ☐ _______________________________
- ☐ _______________________________
- ☐ _______________________________
- ☐ _______________________________
- ☐ _______________________________
- ☐ _______________________________
- ☐ _______________________________

Date : _______________

mon tue wed thu fri sat sun

Meal :

- [ ]
- [ ]
- [ ]
- [ ]
- [ ]
- [ ]
- [ ]
- [ ]

Date : _______________

mon tue wed thu fri sat sun

Meal :

- [ ]
- [ ]
- [ ]
- [ ]
- [ ]
- [ ]
- [ ]
- [ ]

Date : _______________

mon tue wed thu fri sat sun

Meal :

- [ ] _______________________________________
- [ ] _______________________________________
- [ ] _______________________________________
- [ ] _______________________________________
- [ ] _______________________________________
- [ ] _______________________________________
- [ ] _______________________________________
- [ ] _______________________________________

Date : _______________

mon tue wed thu fri sat sun

Meal :

- [ ] _______________________________________
- [ ] _______________________________________
- [ ] _______________________________________
- [ ] _______________________________________
- [ ] _______________________________________
- [ ] _______________________________________
- [ ] _______________________________________
- [ ] _______________________________________

Date : _______________

mon tue wed thu fri sat sun

Meal :

- [ ] _______________________________________
- [ ] _______________________________________
- [ ] _______________________________________
- [ ] _______________________________________
- [ ] _______________________________________
- [ ] _______________________________________
- [ ] _______________________________________
- [ ] _______________________________________

Date : _______________

mon tue wed thu fri sat sun

Meal :

- [ ] _______________________________________
- [ ] _______________________________________
- [ ] _______________________________________
- [ ] _______________________________________
- [ ] _______________________________________
- [ ] _______________________________________
- [ ] _______________________________________
- [ ] _______________________________________

Date : _______________

mon tue wed thu fri sat sun

Meal :

- [ ] _______________________________
- [ ] _______________________________
- [ ] _______________________________
- [ ] _______________________________
- [ ] _______________________________
- [ ] _______________________________
- [ ] _______________________________
- [ ] _______________________________

Date : _______________

mon tue wed thu fri sat sun

Meal :

- [ ] _______________________________
- [ ] _______________________________
- [ ] _______________________________
- [ ] _______________________________
- [ ] _______________________________
- [ ] _______________________________
- [ ] _______________________________
- [ ] _______________________________

Date : _______________

mon tue wed thu fri sat sun

Meal :

- [ ]
- [ ]
- [ ]
- [ ]
- [ ]
- [ ]
- [ ]
- [ ]

Date : _______________

mon tue wed thu fri sat sun

Meal :

- [ ]
- [ ]
- [ ]
- [ ]
- [ ]
- [ ]
- [ ]
- [ ]

Date : _______________

mon tue wed thu fri sat sun

Meal :

- [ ] _______________________________________
- [ ] _______________________________________
- [ ] _______________________________________
- [ ] _______________________________________
- [ ] _______________________________________
- [ ] _______________________________________
- [ ] _______________________________________
- [ ] _______________________________________

Date : _______________

mon tue wed thu fri sat sun

Meal :

- [ ] _______________________________________
- [ ] _______________________________________
- [ ] _______________________________________
- [ ] _______________________________________
- [ ] _______________________________________
- [ ] _______________________________________
- [ ] _______________________________________
- [ ] _______________________________________

Date : _____________

mon tue wed thu fri sat sun

Meal :

- [ ]
- [ ]
- [ ]
- [ ]
- [ ]
- [ ]
- [ ]
- [ ]

Date : _____________

mon tue wed thu fri sat sun

Meal :

- [ ]
- [ ]
- [ ]
- [ ]
- [ ]
- [ ]
- [ ]
- [ ]

Date : ______________

mon tue wed thu fri sat sun

Meal :

- [ ] _______________________________
- [ ] _______________________________
- [ ] _______________________________
- [ ] _______________________________
- [ ] _______________________________
- [ ] _______________________________
- [ ] _______________________________
- [ ] _______________________________

Date : ______________

mon tue wed thu fri sat sun

Meal :

- [ ] _______________________________
- [ ] _______________________________
- [ ] _______________________________
- [ ] _______________________________
- [ ] _______________________________
- [ ] _______________________________
- [ ] _______________________________
- [ ] _______________________________

Date : _______________

mon tue wed thu fri sat sun

Meal :

☐ _______________________________
☐ _______________________________
☐ _______________________________
☐ _______________________________
☐ _______________________________
☐ _______________________________
☐ _______________________________
☐ _______________________________

Date : _______________

mon tue wed thu fri sat sun

Meal :

☐ _______________________________
☐ _______________________________
☐ _______________________________
☐ _______________________________
☐ _______________________________
☐ _______________________________
☐ _______________________________
☐ _______________________________

Date : _______________

mon tue wed thu fri sat sun

Meal :

☐ _______________________________________
☐ _______________________________________
☐ _______________________________________
☐ _______________________________________
☐ _______________________________________
☐ _______________________________________
☐ _______________________________________
☐ _______________________________________

Date : _______________

mon tue wed thu fri sat sun

Meal :

☐ _______________________________________
☐ _______________________________________
☐ _______________________________________
☐ _______________________________________
☐ _______________________________________
☐ _______________________________________
☐ _______________________________________
☐ _______________________________________

Date : _______________

mon tue wed thu fri sat sun

Meal :

- [ ]
- [ ]
- [ ]
- [ ]
- [ ]
- [ ]
- [ ]
- [ ]

Date : _______________

mon tue wed thu fri sat sun

Meal :

- [ ]
- [ ]
- [ ]
- [ ]
- [ ]
- [ ]
- [ ]
- [ ]

Date : _______________

mon tue wed thu fri sat sun

Meal :

- [ ] ___________________________
- [ ] ___________________________
- [ ] ___________________________
- [ ] ___________________________
- [ ] ___________________________
- [ ] ___________________________
- [ ] ___________________________
- [ ] ___________________________

Date : _______________

mon tue wed thu fri sat sun

Meal :

- [ ] ___________________________
- [ ] ___________________________
- [ ] ___________________________
- [ ] ___________________________
- [ ] ___________________________
- [ ] ___________________________
- [ ] ___________________________
- [ ] ___________________________

Date : _______________

mon tue wed thu fri sat sun

Meal :

☐ ______________________________
☐ ______________________________
☐ ______________________________
☐ ______________________________
☐ ______________________________
☐ ______________________________
☐ ______________________________
☐ ______________________________

Date : _______________

mon tue wed thu fri sat sun

Meal :

☐ ______________________________
☐ ______________________________
☐ ______________________________
☐ ______________________________
☐ ______________________________
☐ ______________________________
☐ ______________________________
☐ ______________________________

Date : _______________

mon tue wed thu fri sat sun

Meal :

☐ _______________________________________
☐ _______________________________________
☐ _______________________________________
☐ _______________________________________
☐ _______________________________________
☐ _______________________________________
☐ _______________________________________
☐ _______________________________________

Date : _______________

mon tue wed thu fri sat sun

Meal :

☐ _______________________________________
☐ _______________________________________
☐ _______________________________________
☐ _______________________________________
☐ _______________________________________
☐ _______________________________________
☐ _______________________________________
☐ _______________________________________

Date : ________________

mon tue wed thu fri sat sun

Meal :

☐ ______________________________
☐ ______________________________
☐ ______________________________
☐ ______________________________
☐ ______________________________
☐ ______________________________
☐ ______________________________
☐ ______________________________

Date : ________________

mon tue wed thu fri sat sun

Meal :

☐ ______________________________
☐ ______________________________
☐ ______________________________
☐ ______________________________
☐ ______________________________
☐ ______________________________
☐ ______________________________
☐ ______________________________

Date : ________________

mon tue wed thu fri sat sun

Meal :

- [ ]
- [ ]
- [ ]
- [ ]
- [ ]
- [ ]
- [ ]
- [ ]

Date : ________________

mon tue wed thu fri sat sun

Meal :

- [ ]
- [ ]
- [ ]
- [ ]
- [ ]
- [ ]
- [ ]
- [ ]

Date : _______________

mon tue wed thu fri sat sun

Meal :

- [ ]
- [ ]
- [ ]
- [ ]
- [ ]
- [ ]
- [ ]
- [ ]

Date : _______________

mon tue wed thu fri sat sun

Meal :

- [ ]
- [ ]
- [ ]
- [ ]
- [ ]
- [ ]
- [ ]
- [ ]

Date : _____________

mon tue wed thu fri sat sun

Meal :

☐ _______________________________
☐ _______________________________
☐ _______________________________
☐ _______________________________
☐ _______________________________
☐ _______________________________
☐ _______________________________
☐ _______________________________

Date : _____________

mon tue wed thu fri sat sun

Meal :

☐ _______________________________
☐ _______________________________
☐ _______________________________
☐ _______________________________
☐ _______________________________
☐ _______________________________
☐ _______________________________
☐ _______________________________

Date : ___________

mon tue wed thu fri sat sun

Meal :

Date : ___________

mon tue wed thu fri sat sun

Meal :

Date : _______________

mon tue wed thu fri sat sun

Meal :

- [ ]
- [ ]
- [ ]
- [ ]
- [ ]
- [ ]
- [ ]
- [ ]

Date : _______________

mon tue wed thu fri sat sun

Meal :

- [ ]
- [ ]
- [ ]
- [ ]
- [ ]
- [ ]
- [ ]
- [ ]

Date : _____________

mon tue wed thu fri sat sun

Meal :

- [ ]
- [ ]
- [ ]
- [ ]
- [ ]
- [ ]
- [ ]
- [ ]

Date : _____________

mon tue wed thu fri sat sun

Meal :

- [ ]
- [ ]
- [ ]
- [ ]
- [ ]
- [ ]
- [ ]
- [ ]

Date : ______________

mon tue wed thu fri sat sun

Meal :

- [ ]
- [ ]
- [ ]
- [ ]
- [ ]
- [ ]
- [ ]
- [ ]

Date : ______________

mon tue wed thu fri sat sun

Meal :

- [ ]
- [ ]
- [ ]
- [ ]
- [ ]
- [ ]
- [ ]
- [ ]

Date : ______________

mon tue wed thu fri sat sun

Meal :

☐ _______________________________
☐ _______________________________
☐ _______________________________
☐ _______________________________
☐ _______________________________
☐ _______________________________
☐ _______________________________
☐ _______________________________

Date : ______________

mon tue wed thu fri sat sun

Meal :

☐ _______________________________
☐ _______________________________
☐ _______________________________
☐ _______________________________
☐ _______________________________
☐ _______________________________
☐ _______________________________
☐ _______________________________

Date : _______________

mon tue wed thu fri sat sun

Meal :

- [ ] _______________________________
- [ ] _______________________________
- [ ] _______________________________
- [ ] _______________________________
- [ ] _______________________________
- [ ] _______________________________
- [ ] _______________________________
- [ ] _______________________________

Date : _______________

mon tue wed thu fri sat sun

Meal :

- [ ] _______________________________
- [ ] _______________________________
- [ ] _______________________________
- [ ] _______________________________
- [ ] _______________________________
- [ ] _______________________________
- [ ] _______________________________
- [ ] _______________________________

Date : _______________

mon tue wed thu fri sat sun

Meal :

Date : _______________

mon tue wed thu fri sat sun

Meal :

Date : _____________

mon tue wed thu fri sat sun

Meal :

- [ ] _______________________________
- [ ] _______________________________
- [ ] _______________________________
- [ ] _______________________________
- [ ] _______________________________
- [ ] _______________________________
- [ ] _______________________________
- [ ] _______________________________

Date : _____________

mon tue wed thu fri sat sun

Meal :

- [ ] _______________________________
- [ ] _______________________________
- [ ] _______________________________
- [ ] _______________________________
- [ ] _______________________________
- [ ] _______________________________
- [ ] _______________________________
- [ ] _______________________________

Date : _______________

mon tue wed thu fri sat sun

Meal :

- [ ] _______________________________
- [ ] _______________________________
- [ ] _______________________________
- [ ] _______________________________
- [ ] _______________________________
- [ ] _______________________________
- [ ] _______________________________
- [ ] _______________________________

Date : _______________

mon tue wed thu fri sat sun

Meal :

- [ ] _______________________________
- [ ] _______________________________
- [ ] _______________________________
- [ ] _______________________________
- [ ] _______________________________
- [ ] _______________________________
- [ ] _______________________________
- [ ] _______________________________

Date : _______________

mon tue wed thu fri sat sun

Meal :

- [ ]
- [ ]
- [ ]
- [ ]
- [ ]
- [ ]
- [ ]
- [ ]

Date : _______________

mon tue wed thu fri sat sun

Meal :

- [ ]
- [ ]
- [ ]
- [ ]
- [ ]
- [ ]
- [ ]
- [ ]

Meal :

Date : _______________

mon tue wed thu fri sat sun

Meal :

Date : _______________

mon tue wed thu fri sat sun

Date : ______________

mon tue wed thu fri sat sun

Meal :

- [ ]
- [ ]
- [ ]
- [ ]
- [ ]
- [ ]
- [ ]
- [ ]

Date : ______________

mon tue wed thu fri sat sun

Meal :

- [ ]
- [ ]
- [ ]
- [ ]
- [ ]
- [ ]
- [ ]
- [ ]

Date : _______________

mon tue wed thu fri sat sun

Meal :

- [ ] _______________________________________
- [ ] _______________________________________
- [ ] _______________________________________
- [ ] _______________________________________
- [ ] _______________________________________
- [ ] _______________________________________
- [ ] _______________________________________
- [ ] _______________________________________

Date : _______________

mon tue wed thu fri sat sun

Meal :

- [ ] _______________________________________
- [ ] _______________________________________
- [ ] _______________________________________
- [ ] _______________________________________
- [ ] _______________________________________
- [ ] _______________________________________
- [ ] _______________________________________
- [ ] _______________________________________

Date : _______________

mon tue wed thu fri sat sun

Meal :

- [ ]
- [ ]
- [ ]
- [ ]
- [ ]
- [ ]
- [ ]
- [ ]

Date : _______________

mon tue wed thu fri sat sun

Meal :

- [ ]
- [ ]
- [ ]
- [ ]
- [ ]
- [ ]
- [ ]
- [ ]

Date : _______________

mon tue wed thu fri sat sun

Meal :

- [ ]
- [ ]
- [ ]
- [ ]
- [ ]
- [ ]
- [ ]
- [ ]

Date : _______________

mon tue wed thu fri sat sun

Meal :

- [ ]
- [ ]
- [ ]
- [ ]
- [ ]
- [ ]
- [ ]
- [ ]

Date : _______________

mon tue wed thu fri sat sun

Meal :

☐ ___________________________________
☐ ___________________________________
☐ ___________________________________
☐ ___________________________________
☐ ___________________________________
☐ ___________________________________
☐ ___________________________________
☐ ___________________________________

Date : _______________

mon tue wed thu fri sat sun

Meal :

☐ ___________________________________
☐ ___________________________________
☐ ___________________________________
☐ ___________________________________
☐ ___________________________________
☐ ___________________________________
☐ ___________________________________
☐ ___________________________________

Date : _______________

mon tue wed thu fri sat sun

Meal :

- [ ]
- [ ]
- [ ]
- [ ]
- [ ]
- [ ]
- [ ]
- [ ]

Date : _______________

mon tue wed thu fri sat sun

Meal :

- [ ]
- [ ]
- [ ]
- [ ]
- [ ]
- [ ]
- [ ]
- [ ]

Date : _______________

mon tue wed thu fri sat sun

Meal :

- [ ]
- [ ]
- [ ]
- [ ]
- [ ]
- [ ]
- [ ]
- [ ]

Date : _______________

mon tue wed thu fri sat sun

Meal :

- [ ]
- [ ]
- [ ]
- [ ]
- [ ]
- [ ]
- [ ]
- [ ]

Date : _____________

mon tue wed thu fri sat sun

Meal :

- [ ]
- [ ]
- [ ]
- [ ]
- [ ]
- [ ]
- [ ]
- [ ]

Date : _____________

mon tue wed thu fri sat sun

Meal :

- [ ]
- [ ]
- [ ]
- [ ]
- [ ]
- [ ]
- [ ]
- [ ]

Date : ______________

mon tue wed thu fri sat sun

Meal :

Date : ______________

mon tue wed thu fri sat sun

Meal :

Date : _______________

mon tue wed thu fri sat sun

Meal :

- [ ] ___________________________________
- [ ] ___________________________________
- [ ] ___________________________________
- [ ] ___________________________________
- [ ] ___________________________________
- [ ] ___________________________________
- [ ] ___________________________________
- [ ] ___________________________________

Date : _______________

mon tue wed thu fri sat sun

Meal :

- [ ] ___________________________________
- [ ] ___________________________________
- [ ] ___________________________________
- [ ] ___________________________________
- [ ] ___________________________________
- [ ] ___________________________________
- [ ] ___________________________________
- [ ] ___________________________________

Date : _______________

mon tue wed thu fri sat sun

Meal :

- [ ]
- [ ]
- [ ]
- [ ]
- [ ]
- [ ]
- [ ]
- [ ]

Date : _______________

mon tue wed thu fri sat sun

Meal :

- [ ]
- [ ]
- [ ]
- [ ]
- [ ]
- [ ]
- [ ]
- [ ]

Date : _______________

mon tue wed thu fri sat sun

Meal :

☐ _______________________________
☐ _______________________________
☐ _______________________________
☐ _______________________________
☐ _______________________________
☐ _______________________________
☐ _______________________________
☐ _______________________________

Date : _______________

mon tue wed thu fri sat sun

Meal :

☐ _______________________________
☐ _______________________________
☐ _______________________________
☐ _______________________________
☐ _______________________________
☐ _______________________________
☐ _______________________________
☐ _______________________________

Date : ______________

mon tue wed thu fri sat sun

Meal :

- [ ] _______________________________________
- [ ] _______________________________________
- [ ] _______________________________________
- [ ] _______________________________________
- [ ] _______________________________________
- [ ] _______________________________________
- [ ] _______________________________________
- [ ] _______________________________________

Date : ______________

mon tue wed thu fri sat sun

Meal :

- [ ] _______________________________________
- [ ] _______________________________________
- [ ] _______________________________________
- [ ] _______________________________________
- [ ] _______________________________________
- [ ] _______________________________________
- [ ] _______________________________________
- [ ] _______________________________________

Date : _______________

mon tue wed thu fri sat sun

Meal :

- [ ]
- [ ]
- [ ]
- [ ]
- [ ]
- [ ]
- [ ]
- [ ]

Date : _______________

mon tue wed thu fri sat sun

Meal :

- [ ]
- [ ]
- [ ]
- [ ]
- [ ]
- [ ]
- [ ]
- [ ]

Date : _______________

mon tue wed thu fri sat sun

Meal :

- [ ] ________________________________
- [ ] ________________________________
- [ ] ________________________________
- [ ] ________________________________
- [ ] ________________________________
- [ ] ________________________________
- [ ] ________________________________
- [ ] ________________________________

Date : _______________

mon tue wed thu fri sat sun

Meal :

- [ ] ________________________________
- [ ] ________________________________
- [ ] ________________________________
- [ ] ________________________________
- [ ] ________________________________
- [ ] ________________________________
- [ ] ________________________________
- [ ] ________________________________

Date : ______________

mon tue wed thu fri sat sun

Meal :

- [ ]
- [ ]
- [ ]
- [ ]
- [ ]
- [ ]
- [ ]
- [ ]

Date : ______________

mon tue wed thu fri sat sun

Meal :

- [ ]
- [ ]
- [ ]
- [ ]
- [ ]
- [ ]
- [ ]
- [ ]

Date : _______________

mon tue wed thu fri sat sun

Meal :

- ☐ _______________________________________
- ☐ _______________________________________
- ☐ _______________________________________
- ☐ _______________________________________
- ☐ _______________________________________
- ☐ _______________________________________
- ☐ _______________________________________
- ☐ _______________________________________

Date : _______________

mon tue wed thu fri sat sun

Meal :

- ☐ _______________________________________
- ☐ _______________________________________
- ☐ _______________________________________
- ☐ _______________________________________
- ☐ _______________________________________
- ☐ _______________________________________
- ☐ _______________________________________
- ☐ _______________________________________

Date : ________________

mon tue wed thu fri sat sun

Meal :

- [ ]
- [ ]
- [ ]
- [ ]
- [ ]
- [ ]
- [ ]
- [ ]

Date : ________________

mon tue wed thu fri sat sun

Meal :

- [ ]
- [ ]
- [ ]
- [ ]
- [ ]
- [ ]
- [ ]
- [ ]

Date : _______________

mon tue wed thu fri sat sun

Meal :

- [ ]
- [ ]
- [ ]
- [ ]
- [ ]
- [ ]
- [ ]
- [ ]

Date : _______________

mon tue wed thu fri sat sun

Meal :

- [ ]
- [ ]
- [ ]
- [ ]
- [ ]
- [ ]
- [ ]
- [ ]

Date : _____________

mon tue wed thu fri sat sun

Meal :

☐ _______________________________
☐ _______________________________
☐ _______________________________
☐ _______________________________
☐ _______________________________
☐ _______________________________
☐ _______________________________
☐ _______________________________

Date : _____________

mon tue wed thu fri sat sun

Meal :

☐ _______________________________
☐ _______________________________
☐ _______________________________
☐ _______________________________
☐ _______________________________
☐ _______________________________
☐ _______________________________
☐ _______________________________

Date : _______________

mon tue wed thu fri sat sun

Meal :

☐ _______________________________________
☐ _______________________________________
☐ _______________________________________
☐ _______________________________________
☐ _______________________________________
☐ _______________________________________
☐ _______________________________________
☐ _______________________________________

Date : _______________

mon tue wed thu fri sat sun

Meal :

☐ _______________________________________
☐ _______________________________________
☐ _______________________________________
☐ _______________________________________
☐ _______________________________________
☐ _______________________________________
☐ _______________________________________
☐ _______________________________________

Date : _______________

mon tue wed thu fri sat sun

Meal :

- [ ]
- [ ]
- [ ]
- [ ]
- [ ]
- [ ]
- [ ]
- [ ]

Date : _______________

mon tue wed thu fri sat sun

Meal :

- [ ]
- [ ]
- [ ]
- [ ]
- [ ]
- [ ]
- [ ]
- [ ]

Date : ________________

mon tue wed thu fri sat sun

Meal :

- [ ] _______________________________________
- [ ] _______________________________________
- [ ] _______________________________________
- [ ] _______________________________________
- [ ] _______________________________________
- [ ] _______________________________________
- [ ] _______________________________________
- [ ]

Date : ________________

mon tue wed thu fri sat sun

Meal :

- [ ] _______________________________________
- [ ] _______________________________________
- [ ] _______________________________________
- [ ] _______________________________________
- [ ] _______________________________________
- [ ] _______________________________________
- [ ] _______________________________________
- [ ]

Date : _______________

mon tue wed thu fri sat sun

Meal :

- [ ]
- [ ]
- [ ]
- [ ]
- [ ]
- [ ]
- [ ]
- [ ]

Date : _______________

mon tue wed thu fri sat sun

Meal :

- [ ]
- [ ]
- [ ]
- [ ]
- [ ]
- [ ]
- [ ]
- [ ]

Date : _______________

mon tue wed thu fri sat sun

Meal :

☐ _______________________________________
☐ _______________________________________
☐ _______________________________________
☐ _______________________________________
☐ _______________________________________
☐ _______________________________________
☐ _______________________________________
☐ _______________________________________

Date : _______________

mon tue wed thu fri sat sun

Meal :

☐ _______________________________________
☐ _______________________________________
☐ _______________________________________
☐ _______________________________________
☐ _______________________________________
☐ _______________________________________
☐ _______________________________________
☐ _______________________________________

Date : _______________

mon tue wed thu fri sat sun

Meal :

- [ ]
- [ ]
- [ ]
- [ ]
- [ ]
- [ ]
- [ ]
- [ ]

Date : _______________

mon tue wed thu fri sat sun

Meal :

- [ ]
- [ ]
- [ ]
- [ ]
- [ ]
- [ ]
- [ ]
- [ ]

Date : _______________

mon tue wed thu fri sat sun

Meal :

- [ ] ___________________________
- [ ] ___________________________
- [ ] ___________________________
- [ ] ___________________________
- [ ] ___________________________
- [ ] ___________________________
- [ ] ___________________________
- [ ] ___________________________

Date : _______________

mon tue wed thu fri sat sun

Meal :

- [ ] ___________________________
- [ ] ___________________________
- [ ] ___________________________
- [ ] ___________________________
- [ ] ___________________________
- [ ] ___________________________
- [ ] ___________________________
- [ ] ___________________________

Date : ________________

mon tue wed thu fri sat sun

Meal :

☐ _______________________________
☐ _______________________________
☐ _______________________________
☐ _______________________________
☐ _______________________________
☐ _______________________________
☐ _______________________________
☐ _______________________________

Date : ________________

mon tue wed thu fri sat sun

Meal :

☐ _______________________________
☐ _______________________________
☐ _______________________________
☐ _______________________________
☐ _______________________________
☐ _______________________________
☐ _______________________________
☐ _______________________________

Date : _______________

mon tue wed thu fri sat sun

Meal :

- [ ]
- [ ]
- [ ]
- [ ]
- [ ]
- [ ]
- [ ]
- [ ]

Date : _______________

mon tue wed thu fri sat sun

Meal :

- [ ]
- [ ]
- [ ]
- [ ]
- [ ]
- [ ]
- [ ]
- [ ]

Date : _______________

mon tue wed thu fri sat sun

Meal :

- [ ] _______________________________
- [ ] _______________________________
- [ ] _______________________________
- [ ] _______________________________
- [ ] _______________________________
- [ ] _______________________________
- [ ] _______________________________
- [ ] _______________________________

Date : _______________

mon tue wed thu fri sat sun

Meal :

- [ ] _______________________________
- [ ] _______________________________
- [ ] _______________________________
- [ ] _______________________________
- [ ] _______________________________
- [ ] _______________________________
- [ ] _______________________________
- [ ] _______________________________

Date : ________________

mon tue wed thu fri sat sun

Meal :

☐ __________________________________
☐ __________________________________
☐ __________________________________
☐ __________________________________
☐ __________________________________
☐ __________________________________
☐ __________________________________
☐ __________________________________

Date : ________________

mon tue wed thu fri sat sun

Meal :

☐ __________________________________
☐ __________________________________
☐ __________________________________
☐ __________________________________
☐ __________________________________
☐ __________________________________
☐ __________________________________
☐ __________________________________

Date : ___________

mon tue wed thu fri sat sun

Meal :

☐ _______________________________
☐ _______________________________
☐ _______________________________
☐ _______________________________
☐ _______________________________
☐ _______________________________
☐ _______________________________
☐ _______________________________

Date : ___________

mon tue wed thu fri sat sun

Meal :

☐ _______________________________
☐ _______________________________
☐ _______________________________
☐ _______________________________
☐ _______________________________
☐ _______________________________
☐ _______________________________
☐ _______________________________

Date : _______________

mon tue wed thu fri sat sun

Meal :

☐ _______________________________________
☐ _______________________________________
☐ _______________________________________
☐ _______________________________________
☐ _______________________________________
☐ _______________________________________
☐ _______________________________________
☐ _______________________________________

Date : _______________

mon tue wed thu fri sat sun

Meal :

☐ _______________________________________
☐ _______________________________________
☐ _______________________________________
☐ _______________________________________
☐ _______________________________________
☐ _______________________________________
☐ _______________________________________
☐ _______________________________________